UKRAINE
UNE GUERRE COLONIALE EN EUROPE

La collection *Le 1 en livre*
est dirigée par Éric Fottorino

Ces textes ont pour partie été publiés par *Le 1*.
www.le1hebdo.fr

ISBN 978-2-8159-5161-6

Michel Foucher

Ukraine
Une guerre coloniale
en Europe

éditions de l'aube

Du même auteur

Le continent retrouvé (dir. avec Jean-Yves Potel), l'Aube, 1993

Fragments d'Europe. Atlas de l'Europe médiane, Fayard, 1993 ; rééd. 1998

Atlas de l'influence française au xxie siècle (dir.), Robert Laffont, 2013

Vers un monde néo-national ? (avec Bertrand Badie), CNRS Éditions, 2017

L'Europe, un dessein, un destin, Marie B / Lignes de repères, 2018

Les frontières, Documentation photographique n° 8133, CNRS Éditions, 2020

Frontières d'Afrique. Pour en finir avec un mythe, 2e édition, CNRS Éditions, 2020

Le retour des frontières, 2e édition, CNRS Éditions, 2020

Arpenter le monde. Mémoires d'un géographe politique, Robert Laffont, 2021

Atlas des mondes francophones, Marie B/ Lignes de repères, 2021 (grand prix du rayonnement de la langue et de la littérature françaises de l'Académie française, 2022)

L'Union européenne dans le monde, Documentation photographique n° 8145, CNRS Éditions, 2022

Ukraine-Russie. La carte mentale du duel, Gallimard, Tract n° 39, 2022

Aux Ukrainiens humiliés !

Vladimir Poutine (9 juin 2022, rencontre avec de jeunes entrepreneurs, Moscou) :

« Nous venons de visiter une exposition consacrée au trois cent cinquantième anniversaire de Pierre le Grand. C'est étonnant, mais presque rien n'a changé. [...] On a l'impression qu'en combattant la Suède, il s'emparait de quelque chose. Il ne s'emparait de rien. Il reprenait [...]. Apparemment, il nous incombe aussi de reprendre et de renforcer. Oui, il y a eu des époques dans l'histoire de notre pays, lorsque nous avons été obligés de reculer, mais seulement pour reprendre des forces et aller de l'avant. »

Michel Foucher

Václav Havel (23 février 2005, *Le Monde*, propos recueillis par Jacques Rupnik et Martin Plichta) :

« La Russie ne sait pas vraiment où elle commence, ni où elle finit. Dans l'Histoire, la Russie s'est étendue et rétractée. La plupart des conflits trouvent leur origine dans des querelles de frontières et dans la conquête ou la perte de territoire. Le jour où nous conviendrons dans le calme où termine l'Union européenne et où commence la Fédération russe, la moitié de la tension entre les deux disparaîtra. »

Avant-propos

L'Europe est le lieu d'invention de l'idée nationale. La nation s'oppose à l'empire, qui est par définition multiethnique, plurilingue et souvent multireligieux. Et une tendance lourde de la géopolitique européenne est que les peuples qui se considèrent comme des nations, par la langue, la religion, les mythes ou l'identité visent à disposer des attributs souverains des États. Cette aspiration est profonde ; elle entend se voir reconnue, ce qui n'est accessible que lorsque les centres impériaux s'affaiblissent et que de puissants alliés favorisent cette autodétermination. L'histoire de l'Europe est donc celle de ses frontières. C'est une histoire de conflits avec l'extérieur qui la contenait ou la refoulait et, à l'intérieur, entre les tendances à l'unité et celles de la division.

C'est exactement ce qui s'est passé à la fin de la guerre froide avec l'effondrement de l'empire russo-soviétique et l'apparition ou la renaissance des nations baltes et ukrainienne. Mais l'Ukraine est un État-nation tard venu sur la carte du continent car, terre de confins – *u-kraina* –, elle fut constamment soumise à des dominations concurrentes – Suède et Pologne, Russie et Empire ottoman. Son accès au statut d'État indépendant est donc récent : trois décennies. Son existence est niée par les élites russes – politiques, militaires, religieuses –, qui n'ont eu de cesse de vouloir rassembler le « monde russe » sous un seul toit et de mettre fin à la dispersion des russophones après l'effondrement soviétique et l'indépendance de ses composantes.

Ce fut la politique dite des compatriotes puis le soutien aux séparatismes périphériques, dont j'avais pu observer les prémices en Lettonie. Elle a été théorisée par le président russe dans un long texte publié en 2021 soutenant que Russes et Ukrainiens sont un même peuple. L'agression militaire du 24 février 2022 est l'étape suivante, celle d'un conflit présenté comme devant libérer les russophones. On entretient volontairement la confusion entre des habitants ayant le russe comme langue maternelle et la citoyenneté. Les destructions les plus violentes se déroulent dans les régions peuplées de citoyens ukrainiens de langue maternelle russe, qui constituent également une part importante des réfugiés.

L'intention d'annexion d'une partie de l'Ukraine par la Fédération de Russie ne pouvait que se heurter à la résistance de la nation ukrainienne. Ce sentiment national s'est renforcé depuis l'annexion de la Crimée en 2014 et a rendu le pays capable de se préparer à d'autres agressions. Ce qui se joue depuis le XIXe siècle est bien la construction par étapes d'une identité nationale ukrainienne distincte de celle de la Russie, entre avancées timides et reculs tragiques, notamment avec la politique stalinienne d'anéantissement de la culture ukrainienne et de déportation des opposants. Cette période est connue des historiens sous la triste appellation de « Renaissance fusillée ». Le Kremlin d'aujourd'hui recourt aux mêmes méthodes : déportations, russification forcée et pillage des céréales. Mais il se heurte cette fois à une capacité de résistance nationale inattendue. Comme d'autres nations avant elle, l'Ukraine défend, dans la douleur et dans le sang, sa souveraineté et sa liberté contre la volonté dominatrice et archaïque d'un empire en déclin.

Poutine a toutes les cartes en main

23 février 2022[1]

---

1. *Le 1* n° 385, « Que veut Poutine ? ». Entretien enregistré le 12 février 2022.

Poutine inquiète l'Ukraine et d'autres pays de son « étranger proche ». Que pèse son armée et a-t-il les moyens de son ambition ?

Le président de la Fédération de Russie a tout à fait les moyens de son ambition. D'autant plus que l'armée est aujourd'hui l'outil central de sa politique étrangère. C'est la donnée de base depuis 2008, après les dysfonctionnements constatés lors de la guerre de Géorgie : Vladimir Poutine a entrepris un très profond processus de modernisation des équipements, de la stratégie et du personnel.

Il est passé d'une armée de conscription à une armée composée pour moitié de professionnels. Il dispose d'environ neuf cent mille hommes, dont deux cent quatre-vingt mille hommes de troupe, ce qui veut dire que près de la moitié des forces terrestres russes sont actuellement positionnées autour des frontières de l'Ukraine. Il a modernisé tous les équipements et les chaînes de commandement. J'attire en particulier l'attention sur les forces de parachutistes commandées par le général Serdioukov, qu'on a vu à l'œuvre en Tchétchénie, en Crimée, dans le Donbass, et très récemment au Kazakhstan, où en moins de dix jours il a repris le contrôle des infrastructures critiques, mettant fin à une tentative de coup d'État. Toujours depuis 2008, Moscou a investi dans la modernisation des équipements 300 milliards de dollars.

Enfin, Poutine a adopté la doctrine militaire de Valeri Guerassimov, son chef d'état-major, qui consiste à mobiliser tous les moyens non militaires à des fins militaires : les moyens économiques, politiques, diplomatiques, informationnels. L'objectif de la doctrine Guerassimov est de brouiller notre compréhension, notre lecture des événements. Il s'agit bien d'empêcher les pays occidentaux de déterminer s'ils sont face à une situation de paix ou de guerre. Ces méthodes étaient autrefois l'apanage des services de renseignement. Cela revient à les empêcher d'évaluer les risques à chaud, et donc à les rendre incapables de décider. C'est exactement ce qui se passe aujourd'hui, où l'on constate qu'il n'y a pas d'analyse convergente entre Washington, Ottawa, Londres, Paris, Berlin, Rome et Varsovie.

L'Europe affiche pourtant une unité dans ce dossier.

Ce n'est qu'un affichage. Du reste, Poutine s'est félicité devant la Conférence des ambassadeurs, en décembre 2021, de l'efficacité des actions de discorde dans les pays occidentaux.

Quelle part de son budget la Russie consacre-t-elle à ses armes conventionnelles ?

Le budget conventionnel est évalué à 62 milliards de dollars. C'est 4,2 % du PIB, deux fois plus que la moyenne dans l'OTAN. C'est du niveau de l'Inde et de l'Arabie saoudite. Cela représente 20 % du budget de l'État. C'est un effort considérable. Avec un élément qu'il ne faut pas perdre de vue : les dépenses de l'OTAN sont cinq fois plus importantes. La menace russe par rapport à l'Occident est donc relative. Dans l'optique russe, ce n'est pas la Russie qui menace qui que ce soit, mais l'OTAN qui incarne une menace permanente.

Avant d'analyser la crise ukrainienne, pouvez-vous définir ce que représente l'Ukraine pour Poutine ?

On en a une idée quand on sait que Poutine a fait distribuer à tous les soldats, en septembre dernier, un texte de cinq mille mots intitulé *Sur l'unité historique des Russes et des Ukrainiens*. Vu de Moscou, les Russes, les Biélorusses et les Ukrainiens forment un seul peuple. La dislocation de l'Union soviétique, en 1991, est toujours vécue comme une catastrophe géopolitique parce que le monde russe a été séparé.

Vous avez par conséquent des Russes dans les pays baltes, en Biélorussie, et douze millions de russophones en Ukraine. C'est d'autant plus un traumatisme que dans les représentations mentales, Kyïv, la capitale ukrainienne, est toujours perçue comme le berceau de la Grande Russie. En réalité, Kyïv a été fondée par les Varègues avant sa destruction par les Mongols. Nous sommes là dans l'émotionnel. Sans compter que 20 % des Russes ont des racines ukrainiennes. Et 30 % des Ukrainiens ont le russe comme langue maternelle. L'Ukraine a donné à la Russie une grande partie de ses élites. Khrouchtchev et Brejnev, par exemple, sont des Ukrainiens. Ces derniers étaient surreprésentés dans l'appareil du Parti communiste. Quand vous êtes dans l'émotion, il n'y a plus de place pour les nuances.

Et quelle est la dimension stratégique ?

La révolution de Maïdan, en 2014, a déchiré le pacte russo-ukrainien. Jusque-là, il était inscrit dans la Constitution que l'Ukraine n'entrerait pas dans l'OTAN, que la langue russe resterait une langue à statut régional et que Sébastopol – qui est à la fois Brest et Toulon – serait loué pendant cinquante ans à Moscou. Le souffle démocratique de 2014 a balayé toutes ces garanties et l'Ukraine s'est tournée vers l'Ouest. La première réponse de Poutine a été d'annexer la Crimée. La deuxième, d'encourager le Donbass – qui peut s'apparenter à la Lorraine ou à la Ruhr – à faire sécession.

Quelle sera la troisième ?

La guerre ou la paix, l'histoire le montre, c'est une seule personne qui en décide. On en est là. Et en stratégie, les cartes mentales sont fondamentales. Moscou a la perception d'une asymétrie qu'il faut relativiser. Ce sont bien les forces militaires russes qui campent en Biélorussie, dans le Donbass, et bien entendu en mer Noire, où les manœuvres navales bloquent tous les ports ukrainiens depuis un mois. L'usage de la géographie corrige l'asymétrie.

Quelle est la situation exacte de l'Ukraine par rapport à l'OTAN ?

Elle a avec l'OTAN un accord de coopération renforcée qui en fait un quasi-membre. Elle reçoit des équipements, des armes antichars, des missiles. L'Ukraine est *de facto* dans l'OTAN. Avec une nuance très forte, car elle ne bénéficie pas de l'article 5 : donc il n'y a pas de solidarité militaire, d'alliance au sens classique. Mais pour Moscou, c'est trop. Dans la conception de Poutine, tous les voisins de la Russie doivent être soumis à la Russie.

Que veut Moscou ? Annexer l'Ukraine ? Vassaliser ce pays ?

Moscou veut que tous les territoires qui l'entourent – huit millions de kilomètres carrés –, devenus indépendants depuis 1991, constituent un glacis stratégique et politique. Cela signifie des pays obéissants, des alliés dotés de régimes autoritaires. C'est acquis sur son flanc sud. Même chose dans le Caucase. Quant à la

Biélorussie, on se dirige vers une fusion des deux États. Il reste notamment l'Ukraine. Ce qui est insupportable pour Moscou, c'est la démocratie ukrainienne. Poutine est dans une logique néo-impériale. Il ne peut pas comprendre la naissance d'un sentiment national ukrainien depuis 2014, avec une aspiration à la liberté.

Quels sont les scénarios prévisibles ?

Je ne sais pas ce que fera Poutine. Personne ne le sait. L'hypothèse probable, c'est que les troupes russes franchissent le large Dniepr et arrivent à Kyïv, qui n'est qu'à cent kilomètres. Nous assisterions alors à la prise de contrôle de Kyïv, à la chute du président Zelensky et à l'installation d'un régime pro-russe. C'est une manœuvre d'annexion partielle avec l'occupation de toute la rive gauche du Dniepr, plus Odessa, une ville en grande partie russe, et un lien territorial avec le Donbass. C'est le scénario le plus tentant pour Poutine. Il n'a pas besoin de l'Ukraine de l'Ouest, qui n'a jamais été russe.

Une autre éventualité est envisageable : une opération coup de poing suffisamment ample pour forcer les Américains et leurs alliés à relancer une négociation. Un Yalta 2. Car le but ultime est d'effacer le traumatisme de la fin de l'Union soviétique. C'est de remettre en cause l'architecture de sécurité en cours, et donc d'obtenir des États-Unis des zones d'influence autour de son territoire, le fameux glacis. Et un droit de regard sur la politique étrangère de tous ses voisins.

Pourquoi choisit-il de faire pression maintenant ?

Le moment lui est favorable. Angela Merkel est partie ; il n'aurait jamais osé faire cela avec Merkel ! Joe Biden est faible. L'OTAN est fracturé. L'Occident est en fait divisé et il a Pékin derrière lui. Il a en main toutes les cartes : le militaire, la diplomatie, les calculs stratégiques froids, la propagande, le ressentiment historique, l'émotion. Ce qui est fascinant, c'est sa capacité à utiliser tous ces outils.

Faut-il en conclure que le mouvement de l'armée russe en Ukraine est inévitable ?

En tout cas, tout est prêt pour que cela soit possible. Les fins de règne – car nous sommes dans une fin de règne en Russie – sont longues, chaotiques et souvent sanglantes. Il est sage de se préparer au scénario d'une entrée des forces russes en Ukraine. Dans ce cas, il y aura une résistance sur le terrain. Les Ukrainiens ne se laisseront pas faire. Ce sera un drame et un déchirement pour de nombreuses familles russes.

Assiste-t-on à la formation d'un axe Pékin-Moscou ?

Je n'aime pas le mot « axe ». Rapprochement, oui. Convergence d'intérêts contre les États-Unis, c'est clair. C'est l'objectif principal. Et Poutine et Xi Jinping se voient souvent. Les deux pays ont réglé leurs problèmes de frontières, mais il n'y a pas de confiance. Les Chinois n'ont pas d'alliés, ils n'en auront jamais. La convergence entre Poutine et Xi Jinping, c'est l'Ukraine et Taïwan. Deux territoires dont chacun, respectivement, veut s'emparer à tout prix.

Pour le reste, la Russie reste le partenaire junior de la Chine. Il faut se rappeler qu'en 1991, la Russie et la Chine avaient le même PNB. Aujourd'hui, on est dans un rapport de 1 à 10!

Propos recueillis
par Laurent Greilsamer.

Les Ukrainiens s'émancipent dans le sang et la douleur

2 mars 2022[1]

---

1. *Le 1* n° 386, « Pourquoi l'Ukraine ? ».

En déclarant la guerre à l'Ukraine, Poutine poursuit-il un rêve impérial ou est-ce d'un autre ordre ?

Il s'agit bien de rétablir l'empire. Poutine a expliqué dans son allocution du 21 février que l'Ukraine est une malheureuse création de Lénine. Il y a chez lui la volonté de redonner à la Russie un statut international comme en possédait l'Union soviétique. Son désir est de rassembler sous sa coupe le monde russe, les trois Russie dont le tsar était l'empereur : la Grande Russie, la Russie blanche (la Biélorussie) et la *Malorossya*, la Petite Russie (l'Ukraine). C'est la vision de Poutine, doublée pour lui de la nécessité d'avoir autour de son territoire un glacis d'États à souveraineté limitée. Quand il parle de la fin de l'Union soviétique comme d'une catastrophe géopolitique, il ne parle pas tellement de l'Union soviétique, il parle de la dispersion du monde russe. Douze millions de Russes au Kazakhstan, un million dans les pays baltes, et une dizaine de millions en Ukraine. Dans le cas particulier de l'Ukraine, il y a en outre la négation d'une identité ukrainienne qui soit propre.

Est-ce la raison du vocabulaire employé lorsqu'il qualifie les dirigeants ukrainiens de nazis ?

C'est bien sûr l'insulte absolue. Il y a une ignorance complète chez Poutine de l'existence d'un sentiment national ukrainien qui serait distinct du sentiment national russe. Quand il parle de nazisme, il fait entre autres allusion aux nationalistes ukrainiens de l'Ouest pendant la Seconde Guerre mondiale. Hitler leur avait promis un avenir radieux et l'indépendance en échange de leur collaboration. Ces nationalistes ont rejoint l'armée allemande, la Waffen-SS, comme l'ont fait des Lettons, des Croates, des Slovaques. En s'appuyant sur ce pan d'histoire, Poutine veut disqualifier l'existence d'une nation ukrainienne séparée du monde russe.

Ne sous-estime-t-il pas le sentiment national des Ukrainiens ?

Oui, et c'est cela qui va le perdre. Il sous-estime complètement la force de ce sentiment très vif, partagé non seulement à l'ouest du pays (seulement rattaché à ce pays en 1945), mais aussi par les Russes d'Ukraine, à peu près 30 % de la population. Le sentiment national ukrainien va encore s'affirmer.

Peut-on prévoir une résistance de la population ?

Les Ukrainiens ne vont pas déposer les armes, surtout si l'armée russe occupe physiquement des territoires. L'armée ukrainienne résiste au sol. Elle a bloqué des colonnes de chars. Elle a abattu des hélicoptères des forces spéciales. Et l'aéroport de Kyïv a été repris dans un premier temps aux forces russes qui en avaient pris le contrôle. Cela ne se passe pas comme l'état-major russe s'y attendait sur le plan militaire. Il faut bien sûr rester prudent, car je vous parle à J + 2. C'est très court. Le but de la guerre, pour Poutine, est de mettre la main sur le président Volodymyr Zelensky soit pour l'assassiner, soit pour l'emmener à Moscou et lui intenter un procès pour « génocide ». Il serait alors accusé de génocide contre les Russes du Donetsk…

L'Ukraine s'attendait-elle à une opération de cette ampleur ?

La population n'est pas du tout préparée à ces événements, donc elle cherche à fuir les combats. Mais autour du président Zelensky, ils étaient préparés et ils reçoivent de l'information. Je rappelle que 20 % des Russes ont des racines ukrainiennes. De même que les services de renseignement russes ont complètement phagocyté les appareils ukrainiens, il y a aussi de l'information qui parvient de la Russie à Kyïv. L'objectif russe aujourd'hui est moins militaire que politique. Le but militaire est en passe d'être atteint : ils ont détruit tous les systèmes de défense antiaériens et pris le contrôle des aéroports, ce qui permet de faire débarquer les troupes. Le but politique est de décapiter le gouvernement et de mettre en place un gouvernement fantoche. C'est Prague en 1968 ou Budapest en 1956.

Les diplomates et les observateurs soulignent de plus en plus la solitude de Poutine. L'épidémie de Covid a-t-elle amplifié cet isolement ?

Le Kremlin est souvent décrit comme une forteresse assiégée. Poutine a peur du Covid. Quand Emmanuel Macron puis le chancelier Scholz sont venus au Kremlin, ils ont refusé le test PCR russe, d'où l'immense table de réception. Chez Poutine, la santé et le corps ont un statut très particulier. Pensez à ces photographies où on le voit chassant le tigre ou l'ours. Poutine aime se montrer en train de nager, de pratiquer les arts martiaux. Le Covid a amplifié son isolement et conduit à un durcissement. Du coup, il y a depuis deux ans un recul magistral de la diplomatie, pour la bonne raison qu'on ne fait pas de la bonne diplomatie en visioconférence. L'effort de ces dernières semaines n'a pas suffi à rattraper le retard accumulé.

Poutine ne voit presque plus personne. Il y a encore deux ans, il était au point d'équilibre des « structures de force » (l'armée, le Conseil national de sécurité...) et des milieux d'affaires. Ce n'est plus le cas. Dans sa solitude, il ne parle plus qu'à des proches comme le ministre de la Défense, son grand copain Sergueï Choïgou, un homme de l'Altaï, son chef d'état-major, le général Valeri Guerassimov, le concepteur de la stratégie, le secrétaire général du Conseil de sécurité, Nicolaï Patrouchev, le directeur du service des renseignements extérieurs,

Sergueï Narychkine, le patron du FSB, Alexandre Bortnikov. Ces gens-là sont sur une ligne nationaliste, néo-impériale, anti-OTAN, anti-occidentale, limite complotiste. Poutine ne voit plus que cet entourage. Cela donne ce à quoi on assiste aujourd'hui : l'usage de la force pour rétablir l'empire.

La population de la Russie peut-elle accepter une guerre longue ?

Dès le premier jour de guerre il y a eu mille sept cents arrestations en Russie. Cette guerre n'est pas populaire, mais Poutine s'en fiche. L'opinion publique ne pèse pas dans sa politique étrangère, pas plus que l'économie. L'intendance ne l'intéresse pas. Les milieux d'affaires n'ont pas le droit de se mêler de politique.

Depuis dix ans, peut-on dire que beaucoup d'occasions ont été perdues ?

Sans chercher des excuses à Poutine, je pense que nous avons traité les questions de sécurité posées par les Russes avec le plus grand mépris, sinon la plus grande indifférence. Obama considérait que la Russie était une puissance secondaire. Surtout, nous n'avons jamais répondu aux demandes de discussion sur la sécurité, qui sont certes ambiguës. J'étais à Évian en 2008 quand le président Medvedev a développé des idées dans ce sens. Nicolas Sarkozy, qui revenait à grands pas dans l'OTAN, a botté en touche. L'air du temps c'était : 1. L'OTAN, l'OTAN, l'OTAN ; 2. Nous sommes tous américains. Le 11 Septembre était encore très présent dans les esprits. On a envoyé balader les Russes.

Qu'y avait-il d'ambigu dans leur demande ?

Ils voulaient une sécurité européenne sans les États-Unis. Leur vieux rêve de découplage entre Washington et les Européens. Mais on aurait pu proposer un statut de finlandisation, c'est-à-dire de neutralité, à l'Ukraine. Ou un statut d'État associé dans l'Union européenne.

Ce que José Manuel Barroso, alors président de la Commission européenne, a refusé dans ses négociations avec le président ukrainien de l'époque, Viktor Ianoukovytch. Avant le grand mouvement démocratique de Maïdan en 2014, Ianoukovytch avait fait inscrire dans la Constitution ukrainienne trois points importants : la neutralité de l'Ukraine, le statut du russe comme langue régionale, et la location longue durée de Sébastopol à la Russie, pour cinquante ans. Poutine en était satisfait. Puis il y a eu la révolution de Maïdan. La première décision du Parlement fut de supprimer le statut de la langue russe. Une pure provocation des nationalistes ukrainiens de l'Ouest. Car en Ukraine existe une extrême droite nationaliste puissante qui représente au moins 30 % de la population. La réponse de Poutine fut l'annexion de la Crimée. Pourquoi n'avons-nous pas été capables de proposer ce statut de neutralité de l'Ukraine ? Nous portons là une grande responsabilité.

Vivons-nous un tournant dans l'histoire de l'Europe, comme l'a déclaré le président Macron ? Une nouvelle carte mondiale est-elle en train de se dessiner ?

La guerre vient juste de commencer, il faut être prudent. Je ne crois pas à la réalité d'un axe Moscou-Pékin. On a juste une photo et la certitude que Poutine et Xi Jinping ont en commun la lutte contre l'hégémonie américaine. Les Chinois sont gênés par cette guerre. Pour eux, Poutine est un personnage secondaire. Utile, sans plus.

Assistons-nous à la fin du monde bipolaire ?

Ce qui se passe est tragique, mais la portée de ces événements est régionale. Il ne faut pas en exagérer la dimension. C'est un problème de frontières. La question est : qui contrôle le glacis ukrainien ? Réponse : la Russie. Je vous rappelle ce propos de l'ancien président de la Tchécoslovaquie, Václav Havel, dans un entretien au *Monde* en 2005, titré « Il est nécessaire de poser des questions dérangeantes à M. Poutine » :

> Dans l'Histoire, la Russie s'est étendue et rétractée. La plupart des conflits trouvent leur origine dans des querelles de frontières et dans la conquête ou la perte de territoires. Le jour où nous conviendrons dans le calme où termine l'Union européenne et où commence la Fédération russe, la moitié de la tension entre les deux disparaîtra[1].

On n'a rien fait de cette réflexion. Or elle garde toute sa pertinence.

Cette guerre peut-elle durer longtemps ?

Tout est lié au sort du président Zelensky dans les prochains jours, les prochaines heures. Le fait que le Kremlin nie la réalité d'un sentiment national ukrainien est grave. Ce sentiment national est plus fort que tout. Il faut garder

---

1. Propos recueillis par Jacques Rupnik et Martin Plichta, *Le Monde*, 23 février 2005.

en tête que c'est l'histoire de l'Europe qui a inventé la nation. Or Poutine, dans sa pensée néo-impériale, est incapable de comprendre qu'une nation ukrainienne est en formation. Un peuple est en train de s'émanciper dans le sang et la douleur.

Propos recueillis par Éric Fottorino et Laurent Greilsamer.

L'Europe géopolitique est née, en réponse à l'agression du Kremlin

9 mars 2022[1]

---

1. *Le 1* n° 387, « L'Europe peut-elle faire face ? ».

Une réponse européenne collective
inédite et fondatrice

L'Ukraine n'est membre ni de l'Union européenne ni de l'Alliance atlantique, mais la tentative de destruction de son indépendance, de sa souveraineté et de son régime démocratique est analysée à juste titre par les pays membres de l'Union européenne comme une atteinte majeure aux intérêts européens sur le continent.

Cela explique que pour la première fois dans son histoire, l'Union européenne a décidé de mesures qui vont bien au-delà des seules sanctions économiques et financières, lesquelles ont d'ores et déjà des effets tangibles en Russie même, ne serait-ce que parce qu'elles amènent ses habitants à s'interroger sur ce qui se passe en Ukraine, au-delà de ce que montrent les écrans de la télévision officielle.

À l'initiative du Service européen d'action extérieure dirigé par Josep Borrell Fontelles, un montant de 500 millions d'euros a été affecté à la fourniture de matériel militaire, défensif et offensif à l'armée ukrainienne. Cette somme est prélevée sur la « Facilité européenne pour la paix », qui est dotée d'un budget de 5,7 milliards d'euros (2021-2027) afin de permettre à l'Union européenne de renforcer ses capacités à agir de manière autonome. Une cellule de coordination européenne au sein de l'état-major de l'Union a été créée à cette fin.

Déploiements militaires européens sur le flanc oriental

Dans le même temps, les nations européennes sont en train de renforcer leur déploiement militaire en Europe centrale, baltique et sud-orientale, en périphérie de la Fédération de Russie et de la Biélorussie. Cet effort s'inscrit à la fois dans un cadre bilatéral – fourniture de frégates espagnoles et d'avions F-35 néerlandais à la Bulgarie, par exemple – et dans un format multinational géré par l'OTAN, dont le siège est à Bruxelles.

Dans chaque pays bénéficiaire – pays baltes et Pologne –, les bataillons multinationaux sont dirigés par une nation-cadre membre de l'OTAN mais pas nécessairement de l'Union européenne : Royaume-Uni en Estonie, Canada en Lettonie, Allemagne en Lituanie, États-Unis en Pologne. La très grande majorité des pays européens membres de l'OTAN y participent.

Le rôle de la France

La France assure la présidence du Conseil de l'Union européenne pendant le premier semestre de l'année 2022, ce qui lui confère un rôle singulier de coordination et d'initiative dans la grave crise en cours.

La France est en train de déployer une force de cinq cents chasseurs alpins sur la base de Constanța en Roumanie, en coopération avec les Américains. Elle a renforcé sa présence dans ce que l'on nomme la « police du ciel » avec des avions Rafale en Pologne et des Mirage 2000 en Estonie, face aux incursions aériennes russes.

La France a également la responsabilité de l'état-major de la Force de réaction rapide de l'OTAN pour toute l'année 2022. C'est une force multinationale à haut niveau de préparation ; elle compte quarante mille hommes mobilisables, issus de vingt-six pays. On y compte huit mille Français. Cette force vient d'être activée pour la première fois par l'OTAN. Son siège est à Lille, dans la citadelle Vauban, et la dimension aérienne est assurée par la base du Mont-Verdun à Lyon.

Deux mille soldats français participent par ailleurs à l'exercice « Cold Response » conduit en Norvège en mars 2022, qui regroupe trente-cinq mille soldats de vingt-six pays. S'agissant d'un exercice, il se déroule selon les normes de l'Organisation de la sécurité et de la coopération en Europe (OSCE, siège à Vienne, la seule entité où Russes et Américains peuvent se parler) qui prévoient la présence d'observateurs. C'est l'un des plus importants exercices jamais déployés par la Norvège depuis les années 1980.

Dépenses de défense des pays membres de l'Union européenne et de l'OTAN

Après la fin de l'Union soviétique, les pays européens ont voulu bénéficier des « dividendes de la paix » et diminué leur effort de défense. Le budget de défense des pays européens membres de l'OTAN est actuellement de l'ordre de 290 milliards d'euros. C'est 28 % du total des dépenses de défense de l'OTAN, l'essentiel restant assuré par les États-Unis.

Le seuil de 2 % du PIB exigé de manière récurrente par le grand allié américain – le président Obama avait qualifié les Européens de « passagers clandestins » de l'effort de défense collective – n'est dépassé que dans huit pays : dans les trois pays baltes (Estonie, Lettonie et Lituanie), en Pologne et en Roumanie, tous pays frontaliers de la Russie, ainsi qu'en Croatie face à la Serbie, en Grèce – record européen à

3,82 % de son PIB – face à la Turquie et, enfin, en France.

Même si les budgets sont de nouveau en hausse dans tous les pays européens, ils n'atteignent que le budget de 1989, alors que l'OTAN compte aujourd'hui onze pays de plus : Estonie, Lettonie, Lituanie, Pologne, République tchèque, Slovaquie, Hongrie, Roumanie, Bulgarie, Slovénie, Croatie, auxquels s'ajoutent trois pays candidats à l'Union européenne (Albanie, Monténégro et Macédoine du Nord).

Enfin, l'OTAN trouve depuis les dernières semaines une nouvelle raison d'être, et l'inquiétude ancienne des pays frontaliers de la Russie se trouve définitivement confirmée.

Le réveil allemand

Face à la gravité de la menace sur le flanc oriental de l'Union européenne, le gouvernement allemand dirigé par le chancelier Olaf Scholz a engagé un véritable changement en décidant de porter le budget de la défense de 1,53 % à 2 % du

PIB, au moyen d'un fonds de modernisation doté de 100 milliards d'euros.

Ce fut déjà sous un gouvernement de coalition associant les Verts et le SPD (sociaux-démocrates), à l'époque de Gerhard Schröder et de Joschka Fischer, que Berlin avait accepté que l'armée allemande participe à une opération militaire extérieure ; elle est intervenue au Kosovo, aux côtés de ses alliés français, britanniques et américains.

Une nouvelle étape est donc franchie par la coalition dirigeante composée du chancelier Olaf Scholz, de la ministre des Affaires étrangères Annalena Baerbock (parti des Verts) et du ministre des Finances, le libéral Christian Linder. L'appréciation réaliste de la situation stratégique et des intérêts allemands et européens explique ce tournant révolutionnaire pour l'opinion allemande, longtemps attachée aux dividendes de la paix, convaincue que le « doux commerce » et le dialogue avec la Russie permettraient de maintenir cette situation de paix.

Les États-Unis : un acteur central
de la sécurité européenne

Contrairement aux idées reçues, le grand allié reste engagé dans le maintien de la sécurité en Europe car cela correspond à ses intérêts et à ses engagements, notamment d'alliance avec les régimes démocratiques. Disposant du premier budget militaire du monde (717 milliards de dollars), les États-Unis pèsent 72 % du total des dépenses de l'Alliance atlantique. Mais ce pourcentage doit être relativisé dès lors que le théâtre asiatique est également prioritaire : 5,5 % du budget total est consacré à la défense de l'Europe, avec cinquante bases militaires – dont la moitié sur le sol allemand – et quatre-vingt mille soldats.

Un renforcement de la présence militaire américaine est en cours avec l'arrivée de huit mille soldats supplémentaires, au profit de la Pologne (cinq mille), de la Lituanie (cinq cents) et de la Roumanie (neuf cents). Par ailleurs, « Neptune Strike », un exercice autour du groupe aéronaval *Harry S. Truman* vient de s'achever en Méditerranée et un nouvel exercice commence maintenant avec le même porte-avion en Arctique.

Qu'en pensent les citoyens européens ?

Autre hasard du calendrier, le panel de citoyens réunis pour la Conférence sur l'avenir de l'Europe vient d'achever ses travaux, qui seront présentés les 11 et 12 mars. Sa recommandation centrale est la mise en place d'une « force armée commune de l'Union européenne » conçue comme une force d'autodéfense qui pourrait être déployée dans le cadre d'un mandat légal du Conseil de sécurité des Nations unies et dans le respect du droit international.

Le panel y voit le moyen d'agir comme un partenaire crédible et responsable afin de protéger ses valeurs fondamentales. L'option d'une fusion des forces armées nationales en forces armées conjointes a été envisagée, sans recueillir de majorité.

L'ambition de la présidence française
du Conseil de l'Union européenne

Cette recommandation a trouvé une première réponse lors de l'allocution du président Emmanuel Macron le mercredi 2 mars : « […] notre défense européenne doit franchir une nouvelle étape ». Cette ambition sera au cœur du prochain Conseil européen des 24 et 25 mars 2022. L'enjeu est d'abord de rationaliser les capacités – on produit en Europe six types distincts de frégates militaires ; vingt-trois types différents d'hélicoptères sont en service ; au moins cinq modèles de chars et trois d'avions de combat européens sont en concurrence, quand l'offre américaine est plus simple avec, par exemple, un seul type de char.

Il est, ensuite, de se tenir prêt à utiliser ces matériels – la fameuse « volonté politique » – et, enfin, à surmonter plusieurs obstacles : l'absence de coopération en matière de renseignement, le problème d'interopérabilité des matériels militaires européens et les carences dans la cyberdéfense.

Le président français a ajouté : « Notre pays amplifiera donc l'investissement dans sa défense ». L'état-major français plaide en effet depuis plusieurs années pour faire évoluer les armées d'un format adapté aux interventions extérieures dites asymétriques – car l'adversaire est mobile mais moins puissant (bande saharo-sahélienne, Irak) – vers un modèle capable de s'engager dans des conflits dits de « haute intensité ». La destruction des grandes villes d'Ukraine en fournit une tragique illustration.

Protéger l'Ukraine ?

« J'aimerais entendre de vous aujourd'hui que l'Europe choisit l'Ukraine », tel est l'appel lancé par le président Volodymyr Zelensky au Parlement européen, le mardi 1ᵉʳ mars.

L'autocrate du Kremlin a répondu dès le lendemain en détruisant par un tir de missile la tour de radio-télévision de la capitale ukrainienne. Le président ukrainien est sommé de se taire ! Poutine a évidemment utilisé le vide institutionnel et sécuritaire qui caractérise l'Ukraine de 2022 pour lancer son agression meurtrière, tout en menaçant les Occidentaux de représailles nucléaires. Et le président américain Joe Biden a confirmé le constat : pas de « bottes américaines » sur le sol ukrainien, car ce serait le signal d'une troisième guerre mondiale sur le continent européen.

Il n'est pourtant pas envisageable d'intégrer dans l'Union européenne un pays en guerre, ni de court-circuiter les procédures de négociation d'adhésion, d'autant que d'autres candidats dans les Balkans occidentaux sont sur liste d'attente et que les perspectives européennes qui les motivent sont certainement un facteur d'apaisement des tensions. Il reste que les dirigeants européens devraient imaginer une réponse adaptée sous la forme d'une déclaration marquant que la souveraineté, l'indépendance et la démocratie de l'Ukraine relèvent bien de l'intérêt européen.

En effet, ce qui s'y joue n'est pas seulement une épreuve de force sanglante entre le droit d'une nation à exister contre l'ambition anachronique d'un empire en déclin. C'est un combat entre la démocratie et l'autocratie. C'est pourquoi elle a une dimension militaire qui nous concerne, même indirectement à ce stade.

Une Russie isolée
dans sa fuite en arrière

16 mars 2022[1]

---

1. *Le 1* n° 388 « Jusqu'où la guerre ? ». Article paru sous le titre « Le knout à l'intérieur et le knout à l'extérieur ».

Le vendredi 25 février, dès le lendemain, donc, du début de l'agression militaire russe contre l'Ukraine indépendante et souveraine, une résolution du Conseil de sécurité des Nations unies, présentée par les États-Unis et l'Albanie et soutenue par quatre-vingt-un pays, a été bloquée par le veto de la Russie. Seuls trois États – Chine, Inde et Émirats arabes unis – se sont abstenus, sans surprise pour les deux premiers très liés à la Russie, et avec une question pour le troisième, lui-même longtemps engagé dans une guerre au Yémen.

Cette impasse a permis la tenue, le 2 mars, de l'Assemblée générale de l'ONU, qui a adopté à une majorité imposante une nouvelle résolution, non contraignante, exigeant l'arrêt des hostilités. Seules quatre dictatures – Biélorussie, Syrie, Érythrée et Corée du Nord – s'y sont opposées. Cent quarante et un pays l'ont approuvée et trente-cinq se sont abstenus, dont à nouveau la Chine.

Ces deux sessions ont manifesté l'isolement diplomatique de la Fédération de Russie, accentué par la prise de distance de pays réputés proches d'elle : Chine, Cuba, Viêt-nam, Inde, Iran, Kazakhstan, Algérie.

Malgré la demande de l'Ukraine, relayée par le Royaume-Uni, l'option d'exclusion de la Russie n'a pas été jugée possible, en dépit du contournement de la Charte des Nations unies délibérément provoqué par un membre fondateur et permanent. Le veto russe l'exclut. Pour mémoire, c'est la mise en place de ce droit de veto sur toute décision collective, exclusivité des cinq membres permanents du Conseil de sécurité, qui avait convaincu Staline d'accepter la création de cette institution conçue par les équipes du président Roosevelt et agréée lors de la conférence de Yalta en février 1945. Staline avait d'ailleurs suspendu son accord à l'entrée de l'Ukraine et de la Biélorussie à l'ONU, aux côtés de la République socialiste soviétique fédérative de Russie !

Ce pays, qui dispose du cinquième réseau diplomatique du monde – derrière la Chine, les États-Unis, la France et le Japon –, peut-il se trouver complètement isolé ? La Fédération de Russie déploie deux cent quarante-deux postes diplomatiques dans le monde, dont cent quarante-quatre ambassades. Le nombre exact des nombreux agents accrédités sous couvert diplomatique n'est pas connu avec précision, pas plus que le budget du MID, ministère russe des Affaires étrangères. La Russie a une tradition diplomatique ancienne et solide, et elle trouve dans les diverses enceintes internationales des lieux d'expression et d'influence qu'elle ne manque jamais d'exploiter. Même si, à la différence de la pratique des diplomaties des pays démocratiques, diplomatie et coercition vont ici de pair, l'une pouvant servir à brouiller l'autre, le plus souvent par recours à la vieille méthode soviétique des contre-vérités énoncées sans vergogne.

Ce pays, qui vient d'être assuré d'une « amitié entre le peuple russe et le peuple chinois solide comme un roc et de l'immensité des perspectives de coopération futures », selon les termes choisis du ministre chinois des Affaires étrangères Wang Yi, le 7 mars, est-il isolé ? En réalité, la prudence chinoise – Wang Yi parle de « peuples », pas de gouvernements –, exprimée par sa double abstention à l'ONU, est expliquée à Pékin par une disponibilité à engager une médiation. L'entretien récent entre Xi Jinping, Olaf Scholz et Emmanuel Macron va dans ce sens, car seul Pékin pourrait amener Moscou à la retenue et à la négociation, à condition que Washington y consente par une levée des sanctions contre la Chine ! Les dirigeants chinois ne peuvent pas dire publiquement leur désapprobation de l'agression russe, qui contredit le principe de l'intégrité territoriale, mais ils anticipent un affaiblissement durable de la Russie – économique et diplomatique – qui servira leurs intérêts de long terme.

Ce pays, qui a su renouer avec les contacts entretenus à l'époque soviétique au Moyen-Orient et sur le continent africain, théâtres de la compétition idéologique et stratégique entre les deux blocs durant la guerre froide, dispose de relais mobilisables dans les institutions internationales. La géographie des trente-cinq abstentions lors de l'Assemblée générale de l'ONU le confirme.

Moscou a eu dans le passé une véritable politique arabe, avec la Syrie d'Hafez el-Assad – qui était devenue une sorte de protectorat – et l'Irak de Saddam Hussein, nationaliste laïque et excellent client d'armements soviétiques. La Russie a, depuis une décennie, étendu sa présence en Syrie, dans le contexte de guerre civile que l'on connaît; elle a sauvé le régime, de concert avec la République islamique d'Iran. L'antiaméricanisme systématique de l'Iran explique son abstention, même si sa méfiance à l'égard de la politique russe est profonde.

L'Union soviétique était très active sur le continent africain. Elle a soutenu efficacement le combat de l'ANC (l'African National Congress de Nelson Mandela) en Afrique du Sud et celui des FLS (Front Line States) (groupement animé par la Tanzanie et réunissant Botswana, Zambie, Mozambique, Zimbabwe, Angola). Elle s'est engagée militairement, avec Cuba et la République démocratique allemande, dans les luttes d'indépendance de l'Angola et du Mozambique contre les forces sud-africaines soutenues par les Occidentaux, jusqu'à ce que les sanctions décidées par ceux-ci contre Pretoria accélèrent la fin du régime d'apartheid. Elle a soutenu la dictature de Mengistu en Éthiopie.

En Algérie, les officiers supérieurs de l'armée ont été formés dans les académies militaires russes, dans une relation nouée à l'époque soviétique, poursuivie ensuite et approfondie avec la fourniture récente d'armement face au Maroc. Les relations avec le Mali datent de l'indépendance et de la première rupture avec la France en raison de l'orientation socialiste et panafricaniste de son premier président, Modibo Keïta. Le film de Robert Guédiguian *Twist à Bamako* (2021) illustre cette période ; la musique « impérialiste » n'a pas eu plus de succès dans le Bamako socialiste que dans le Tombouctou islamiste, comme le montre l'ultime scène du film. Les deux derniers coups d'État ont resserré les liens entre le Mali et la Russie : le Premier ministre Choguel Maïga est diplômé de l'Institut des télécommunications de Moscou, où il aurait résidé une dizaine d'années ; l'un des auteurs du *putsch*, le colonel Sadio Camara, alors en formation militaire en Russie, était rentré à Bamako deux semaines avant le soulèvement, pour des congés ; il est ministre de la Défense et homme fort du nouveau régime. D'autres pays intéressent la Russie, notamment le Soudan, qui semble ouvert à l'installation d'une base navale russe sur la mer Rouge. La Russie a trente-sept ambassades en Afrique ; elle forme sept mille étudiants par an, notamment à l'université de l'Amitié des Peuples (ex-université

Patrice-Lumumba), à Moscou, relancée en 2019 après l'arrêt de ses activités suite à des incidents racistes.

C'est donc un investissement ancien, qui s'est accru depuis trois ans. Il trouve sa contrepartie à l'ONU, dans les votes africains et moyen-orientaux conciliants. Il s'agit de contrer le poids de la France, et sans doute de la Chine, même si la Russie n'a pas les moyens d'une coopération au développement. Il lui reste les armements et les mercenaires – qui ont un rôle de garde prétorienne –, et la propagande. Celle-ci s'est développée depuis 2019, à partir de la République centre-africaine, sous la forme d'une lutte informatique d'influence visant, *via* les réseaux sociaux, à encourager les courants politiques panafricanistes qui imputent tous les malheurs de l'Afrique non à la mauvaise gouvernance actuelle, mais à la période coloniale passée. La première cible est l'Afrique francophone, travaillée par des mouvements de critique ouverte des gouvernances défaillantes, attribuées, en dernier ressort et par commodité, à l'ancienne métropole coloniale. Une posture d'abstention comme celle du Sénégal peut être interprétée, dans ce nouveau contexte, comme une tactique de prévention contre une offensive informationnelle favorisant les mouvements d'opposition politique.

Car si la Russie est désormais largement isolée et durablement affaiblie, les dirigeants de la Russie de 2022 cultivent un double héritage qui sous-tend la fuite en arrière en cours : celui de l'expérience soviétique selon laquelle la stabilité du système est mieux assurée en temps de guerre, ce qu'Andreï Gratchev, ancien conseiller diplomatique de Gorbatchev, qualifie, dans un ouvrage prémonitoire publié en novembre 2021[1], de « code secret » et qui est à nouveau mobilisé par un Vladimir Poutine en fin de règne dans un système à bout de souffle ; et celui de l'autocratie tsaro-stalinienne, qui veut que la Russie ne soit écoutée et entendue que

---

1. Andreï Gratchev, *Le jour où l'URSS a disparu*, Paris, L'Observatoire, 2021.

lorsqu'elle fait peur. La lutte informatique
d'influence entretient cette peur. Le knout
à l'intérieur et le knout à l'extérieur !

Négocier sans capituler : l'impossible équation ?

Rédigé le 24 mars 2022,
publié le 30 mars[1]

---

1. Voir aussi : Michel Foucher, *Ukraine-Russie, la carte mentale du duel*, Paris, Gallimard, Tract n° 39, 30 mars 2022.

Qui l'emportera, de Volodymyr Zelensky, le président démocratiquement élu en 2019, qui incarne sa nation, maîtrise les médias comme personne et appelle à négocier, ou de Vladimir Poutine, qui fait la guerre depuis le tout début de son règne, en 1999 (Tchétchénie, Daghestan, Géorgie, Crimée, Donbass, Syrie, Libye, Sahel), et répond au premier en pilonnant les villes d'Ukraine ?

À ce stade, dès lors que l'Occident européen et américain se tient à l'écart de la confrontation directe tout en se préparant à des risques majeurs pour lui, c'est le seul rapport de force militaire sur les divers terrains – et son évolution – qui conditionnera la substance d'éventuelles négociations. Trois scénarios sont envisageables, à considérer avec toute la prudence nécessaire.

Face à la résistance, le tapis de bombes pendant des jours et des jours

Dans une guerre d'agression, deux voies de sortie sont possibles : l'agresseur gagne ou perd. Pour l'instant, la nation agressée résiste. La Russie n'a pas obtenu la capitulation du gouvernement, ni même la reddition des maires, comme à Marioupol. Une seule ville est occupée, Kherson. Les gains territoriaux autour du Donbass, de la mer Noire et de la région de Kharkiv sont d'environ 8 % de la superficie de l'Ukraine, et les pertes de l'armée russe dépasseraient 10 % des effectifs engagés. Une occupation généralisée et durable s'avère impossible.

Il n'y pas eu de reddition des combattants de la ville de Marioupol, dont on sait qu'elle était l'un des premiers objectifs militaires recherchés, à la fois port de la mer d'Azov et proche de la région séparatiste – elle avait d'ailleurs échappé à un assaut en 2014, grâce aux milices ouvrières armées par l'oligarque local, Rinat Akhmetov, dont la plus grande aciérie d'Ukraine vient d'être bombardée. Dans leur volonté de revanche, les forces séparatistes du Donbass détruisent la ville, comparée à Guernica par l'ancien consul de Grèce ; elles assaillent des habitants en majorité russophones, mais fiers d'être ukrainiens.

Le scénario militaire le plus probable est donc une guerre de siège de villes par des bombardements aveugles visant à infliger le maximum de dommages civils. Le recours au déluge de feu, selon la vieille tactique stalinienne de la « quantité », est planifié pour la prochaine cible, Odessa ; puis ce sera le tour de Dnipro, ville industrielle et verrou stratégique sur le Dniepr, de la capitale Kyïv et d'une demi-douzaine d'autres villes.

Cette tactique du tapis de bombes non guidées a déjà été employée par l'armée russe en Tchétchénie et en Syrie. L'ampleur incommensurable des destructions et des victimes civiles pourrait conduire Kyïv à demander un cessez-le-feu, tout en se préparant à poursuivre une guerre de partisans.

Le scénario d'un cessez-le-feu et de négociations

Dans ce contexte, la Fédération de Russie chercherait à imposer l'essentiel de ses buts de guerre : neutralité stratégique, réduction contrôlée des forces armées, absence de politique étrangère libre comme dans la Finlande des années 1950, mise en place d'un gouvernement favorable aux seuls intérêts de Moscou et reconnaissant l'indépendance du Donbass, l'annexion de la Crimée et la présence militaire russe sur l'ensemble du littoral de la mer Noire. Le retrait échelonné et vérifié des troupes serait conditionné par Moscou à la levée des sanctions occidentales et à l'engagement de la généreuse Union européenne à financer la reconstruction, comme cela fut tenté pour la Syrie de Bachar el-Assad.

On ne connaît pas le détail des discussions conduites sous le patronage de la Turquie – sur proposition du président Erdoğan, pour qui les rivages de la mer Noire et le Caucase relèvent également de la mémoire et de la sécurité de son pays – et d'Israël, à l'attitude plus ambiguë – qui semble agir à la demande du président Zelensky. L'intérêt du Kremlin pour une solution diplomatique, même conforme à une partie de son objectif initial, peut être questionné, dès lors qu'il cherche d'abord à gagner du temps pour reconstituer et réorganiser son dispositif militaire endommagé.

Imaginons une négociation sincère. La question centrale est de savoir qui garantira le statut de neutralité exigé par Moscou, puisque tous les garants sérieux – Turquie, États-Unis – sont membres de l'Organisation du traité de l'Atlantique Nord, récusée par le Kremlin dans son rôle sécuritaire sur le continent européen. Ce dispositif agréé de garants est pourtant indispensable, car l'accord antérieur – le fameux mémorandum de Budapest de 1994 (transfert des armes nucléaires stockées en Ukraine contre le respect par la Russie de l'intégrité territoriale de l'Ukraine) – n'a pas été respecté. Un scénario de type autrichien ou suédois exigerait une double garantie, russe et occidentale, vérifiable.

C'est un schéma déjà proposé par la diplomatie française en 2006, accepté alors à Moscou, mais pas à Berlin et encore moins à Washington. C'est bien un modèle ukrainien singulier de garanties de sécurité impliquant des garants et des mécanismes de vérification de l'application des accords qu'il convient d'imaginer. Après tout, au plus fort de la guerre froide, des procédures d'inspection mutuelle des arsenaux militaires furent employées de manière efficace. D'autres mesures civiles pourraient répondre aux demandes initiales de la Russie : statut régional de la langue russe, même si la population est largement bilingue, sauf dans l'Est ; changement de nom de rues évoquant les combattants nationalistes ukrainiens enrôlés dans l'armée allemande, etc.

En sachant que le président Zelensky entend, si un accord était trouvé, le faire approuver par référendum par une population traumatisée mais résistante, et donc peu encline à des concessions.

Le risque d'une partition de l'Ukraine

Un autre scénario militaire est que les forces ukrainiennes présentes sur l'ensemble du territoire se trouvent isolées les unes des autres, celles – évaluées à 40 % du total – qui tiennent le front du Donbass pouvant être encerclées par des armées russes remontant le long du Dniepr. Une telle défaite pourrait déboucher sur une partition de l'Ukraine de part et d'autre du fleuve.

Après tout, c'est près de Dnipro, à Poltava, que Pierre le Grand vainquit, en juillet 1709, Charles XII roi de Suède, grande puissance européenne qui ne s'en releva pas. Vladimir Poutine le Pétersbourgeois, qui a une statue de Pierre le Grand dans son bureau du Kremlin, connaît par cœur cet épisode fondateur de la Russie tsariste. Ce scénario est évidemment inacceptable pour les Ukrainiens et leurs alliés, et intenable pour la Russie : ses forces d'occupation seraient harcelées sans relâche et elles répliqueraient en organisant des déportations massives des habitants ukrainiens. Et nous ne sommes plus en 1795 lorsque trois puissances – Prusse, Russie et Autriche – achevaient d'un commun accord le partage de la Pologne. Là encore, il n'y aurait rien à négocier, sauf si Washington ne s'opposait pas à cette issue, même provisoire, dès lors qu'elle permettrait d'arrêter l'agression et que des discussions sur le contrôle des forces conventionnelles et nucléaires pourraient reprendre. Conclusion cynique, mais le partage de territoires en conflit fut accepté, sinon encouragé, dans un passé récent (Érythrée, Soudan du Sud et Kosovo). Un nouveau conflit dit gelé s'installerait durablement sur notre continent.

Bien sûr, on espère sans trop y croire la montée de l'opposition à la politique de Vladimir Poutine en Russie. Les liens entre les sociétés civiles, entre les acteurs culturels, intellectuels et économiques, sont denses de part et d'autre du continent européen, et il convient de les entretenir, ne serait-ce que pour aider nos interlocuteurs russes à dépasser les mensonges officiels. Il faut donc continuer de parler avec le diable, même avec une longue cuillère, comme le tentent le président français et le chancelier allemand. L'entourage de Poutine mesure forcément les erreurs stratégiques commises. Mais le maître redouté peut être tenté par la fuite en avant, en interprétant sa propre faiblesse comme une « menace existentielle » contre son pays, expression qui est, on le sait, le mot-clé du recours à l'arme nucléaire. Il est bien entendu impossible de prévoir une révolution de palais, événement pourtant le plus favorable pour arrêter une folie meurtrière. En tout état de cause, et comme l'enseigne l'histoire de la Russie, Poutine ne survivrait pas à une défaite militaire. Mais il disparaîtrait après avoir laissé un champ de ruines.

Les échelles du conflit : premiers retours d'expérience

Rédigé le 6 avril 2022,
publié le 4 mai[1]

---

1. *Le 1* n° 395, « Ukraine, le risque d'une 3ᵉ guerre mondiale ? ».

L'agression militaire décidée par le Kremlin contre l'Ukraine se déroule jusqu'à maintenant sur le seul territoire ukrainien et c'est le rapport de force sur les terrains de la confrontation qui déterminera le contenu d'une éventuelle négociation entre les deux États.

Les pays qui soutiennent l'Ukraine se gardent, à juste titre, de devenir cobelligérants afin d'éviter une montée aux extrêmes, mais ils sont engagés dans un partage efficace de renseignements, la fourniture d'équipements militaires et l'accueil des réfugiés, qui viennent des régions frontalières et sont souvent russophones.

Et pourtant, ce conflit armé imposé a une portée bien plus vaste que d'autres conflits récents. La raison en est le recours brutal à la guerre de la part d'une grande puissance, membre du Conseil de sécurité des Nations unies, sur un continent réorganisé sur la base du « plus jamais ça ». Les États-Unis avaient compris dès le dernier trimestre de 2021 ce qui se préparait, avaient dit à leurs interlocuteurs russes à Moscou qu'ils le savaient et que ce serait une erreur stratégique. L'ampleur et l'exactitude des relevés américains partagés avec quelques alliés puis diffusés dans les médias à partir des manœuvres militaires russes au sud de la Russie, en Biélorussie et dans la mer Noire, bref sur trois des quatre frontières de l'Ukraine, en février 2022, ont à l'évidence donné un écho mondial à l'attaque du 24 février.

Dans notre monde hyperconnecté, une information de cette importance, anticipée dans un climat de doute puis vérifiable et vérifiée, suffit à créer un événement d'ampleur : *evenire*, « c'est advenu ». Il faut donc penser l'événement. À commencer par l'interprétation rétrospective des annonces antérieures des dirigeants russes (« Russes et Ukrainiens sont un seul peuple », « La Douma reconnaît l'indépendance de tout le Donbass » et non du seul tiers alors tenu par les séparatistes), enfin prises au sérieux : pour une fois, on n'avait pas menti, à Moscou.

Penser également, pour tous les pays du monde réunis lors de l'assemblée générale des Nations unies, à prendre position (condamnation, abstention ou soutien ; responsabilités russe et américaine), puis à en examiner les conséquences (énergie, céréales, risques de débordement militaire) ou, dans certains cas, à en tirer parti (évaluation des vulnérabilités). Reprenons le fil des premiers retours d'expérience, aux échelles pertinentes.

L'échelle européenne du conflit

Ukrainiens face à l'État russe :
nation et démocratie contre empire et autocratie

Se joue d'abord, sur le sol européen, dont c'est la marque historique, une sorte de lutte finale entre une des dernières nations d'Europe à s'émanciper et le dernier empire à vouloir survivre. Et comme l'écrivait l'historien polonais Bronisław Geremek, le premier à m'avoir parlé du destin de l'Ukraine lors d'un entretien à Varsovie en février 1992, la nation est le cadre indispensable de la démocratie.

Les Ukrainiens se battent donc sur deux fronts : la reconnaissance de leur existence et celle de leur régime politique. Ils sont dans le droit fil de l'histoire européenne et ils affirment leur identité européenne par une résistance armée qui a rencontré un écho favorable dans le reste du continent. L'appartenance européenne a donc un sens profond, et ce rappel, dans des circonstances tragiques, explique la solidarité et l'unité des pays membres de l'Union européenne.

Qu'en est-il des Russes ? Pour comprendre, sans l'excuser, la décision du Kremlin d'entrer dans une guerre fratricide, il est utile de relire l'historien Marc Ferro, qui, pointant la place du ressentiment dans l'histoire, la décrivait comme une blessure jamais cicatrisée, transmise de génération en génération et agissant à la manière d'un explosif.

Une autre leçon est la tyrannie de la géographie. Certes, chaque pays souverain est libre de ses alliances, mais comment établir sa propre sécurité sans conscience « de sa place géographique et géopolitique », selon l'expression de l'expert russe Fiodor Loukianov ?

Il est regrettable que le scénario de neutralité stratégique proposé par la France dès les années 2000 et récusé par l'Amérique triomphante – et aujourd'hui accepté sous contrainte par le président ukrainien – n'ait pas été négocié dans le calme, de manière réaliste. Les acteurs tendent toujours à abuser de leur position de force et à humilier un ancien adversaire affaibli. Tous les diplomates expérimentés le savent. Il serait bon de s'en souvenir au moment des négociations qui suivront un cessez-le-feu en Ukraine.

Les élites russes sont suffisamment informées et ont assez de liens familiaux avec l'Ukraine pour ne pas s'interroger sur leur système politique. Certes, les structures de force sont habiles à les diviser, mais des rumeurs de disgrâce et de mise en résidence surveillée à l'encontre de dirigeants civils et militaires circulent, des décomptes des soldats morts sont rendus publics, et les effets des sanctions occidentales, qui vont faire baisser le produit intérieur brut russe de 15 % au moins en 2022, se font sentir. Les thèmes de l'erreur stratégique ou d'une éventuelle victoire à la Pyrrhus sont communs.

Européens et Américains : les enjeux de l'autonomie

Enfin, l'Union européenne affiche son unité, mais sous la bannière étoilée. La thèse, portée par la Pologne, que seule la garantie de sécurité est américaine a le vent en poupe alors que les objectifs de souveraineté européenne et d'autonomie stratégique avancées par la France sont critiquées. L'Europe sort donc du confort des dividendes de la paix et engage, à l'instar de l'Allemagne, un processus de réarmement, qui bénéficiera d'abord au complexe industrialo-militaire américain. Acheter outre-Atlantique est un gage d'allégeance politique. Des progrès seront néanmoins réalisés, avec la méthode des achats communs de matériel et une hausse généralisée des budgets.

Mais, surtout, le sujet de la dépendance énergétique va connaître la vraie rupture. En pleine guerre, les oléoducs et les gazoducs présents en Ukraine continuent de fonctionner *via* le réseau Droujba (« amitié »). L'Europe achète 550 millions d'euros par jour de pétrole russe et 660 millions d'euros de gaz russe, ce qui permet de dire qu'elle contribue à financer l'effort de guerre de la Russie. L'Allemagne importe encore 55 % de son gaz, 42 % de son pétrole et 50 % de son charbon de Russie, le tiers de l'énergie finale consommée provenant d'importations russes. La France importe 17 % de son gaz, 9 % de son pétrole et 30 % de son charbon de Russie, soit à peine 10 % de l'énergie finale consommée provenant d'importations russes. En Italie, la dépendance au gaz russe est de 40 %.

On comprend mieux maintenant pourquoi le grand fournisseur russe de gaz, Gazprom, avait cessé d'alimenter les stocks – ils sont à 20 % en Europe alors que l'objectif est d'atteindre plus de 80 % avant l'hiver prochain. Et on découvre que Gazprom possède plus de 10 % des capacités de stockage de l'Union européenne : le fait a été dénoncé par Ursula von der Leyen, présidente de la Commission européenne lors de la conférence de sécurité de Munich. Quant à la grande raffinerie de Schwedt, elle est contrôlée par le pétrolier Rosneft, qui fournit l'armée russe en carburants.

La diversification des approvisionnements gaziers et pétroliers, leitmotiv européen déjà ancien, est enfin prise au sérieux à Berlin et à Rome, où l'on constate qu'il est possible de réduire puis de se passer du gaz russe à moyen terme. Comme l'a remarqué le vice-ministre ukrainien de l'Énergie, Yaroslav Demchenkov, l'énergie russe n'est pas « irremplaçable » comme la Russie a voulu le faire croire.

Mais il faudra acheter du gaz naturel au Qatar et du gaz liquéfié issu de la fracturation hydraulique des schistes bitumineux du Texas et du Nebraska ! La transition écologique pourtant entamée résolument par Bruxelles risque d'être retardée. Déjà,

Robert Habeck, ministre de l'Économie, dirigeant réaliste des Verts allemands et philosophe, estime nécessaire de prolonger la durée de l'exploitation du charbon allemand et de celui importé de Russie. Il est allé seul négocier de nouveaux contrats au Qatar.

L'accord allemand de coalition passé en décembre 2021 entre les trois partis (SPD, FDP et Verts) fixait l'objectif d'une économie de marché sociale et écologique. La priorité affichée à la protection climatique risque d'être reléguée derrière l'impératif de la sécurité économique nationale. Une approche commune et groupée, telle que celle employée avec succès pour les achats de vaccins, serait de loin préférable. Elle a été proposée par la France pour peser sur les prix. Mais l'égoïsme national est toujours le réflexe de premier ressort.

La fin de l'ordre néo-libéral et l'affirmation du capitalisme politique

D'une manière plus générale, on doit se rendre à l'évidence que la théorie du « doux commerce » selon laquelle l'échange pacifierait les relations internationales n'est plus valable. Ce que les Allemands ont nommé le « *Wandel durch Handel* » (« le changement par le commerce ») était au cœur de la stratégie d'investissements en Russie, avec 3 650 firmes allemandes enregistrées, employant deux cent quatre-vingt mille personnes – pour un montant de 25 milliards d'euros en 2019. Pour sa part, le grand public français, qui n'est guère mieux informé en économie internationale qu'en géographie, est surpris et choqué devant l'ampleur de la présence économique française en Russie, de Total à Auchan en passant par Renault, Bonduelle et Leroy-Merlin. On exige désormais la fermeture de tous ces établissements, y compris dans les gisements d'hydrocarbures, sans tenir compte de l'intérêt national à long terme, tout en protestant contre les conséquences des sanctions – qui ne sont jamais à sens unique –, notamment sur les prix de l'énergie.

Il est vrai qu'à l'ère de l'économie triomphante, la Russie n'a été abordée que comme un marché, émergent, proche et solvable, et non comme une puissance en reconstitution. On ne peut plus laisser aux seuls économistes le soin d'interpréter le monde. On constate, depuis la pandémie, que l'ère néolibérale touche à sa fin, comme l'analyse le politiste Antoine Foucher[1], avec le retour de l'État dans l'économie. Depuis le début de l'année 2022, on prend aussi conscience que la réduction des vulnérabilités et la sécurité nationale et européenne doivent primer sur le libre jeu du marché, qui ne peut plus tout façonner au point de nous rendre dépendants de régimes autocratiques. Le temps du capitalisme politique[2] commence.

Négocier : oui mais avec qui ?

Enfin, pour revenir au cœur de la crise ouverte le 24 février, des pourparlers entre Russes et Ukrainiens sont évoqués et les

---

1. Antoine Foucher, *Le monde de l'après-Covid, La fin de l'ère néolibérale*, Paris, Gallimard, 2022.
2. Voir Le Grand Continent, *Les politiques de l'Interrègne, Chine, Pandémie, Climat,* Paris, Gallimard, 2022.

concessions de Kyïv explicitées, comme la neutralité stratégique. Mais il faut savoir que le chef de la délégation russe est Vladimir Medinski, historien ultranationaliste. Ministre de la Culture de 2012 à 2020, il réhabilita Staline et jugea que la kalachnikov incarnait les meilleurs traits de l'homme russe. On le dit influent sur la relecture de l'histoire de la Russie par le président Poutine, au même titre que les dignitaires et oligarques du Patriarcat de Moscou, qui voient dans le conflit en cours une guerre de civilisation. L'histoire de l'Europe orientale et balkanique rappelle le poids des Églises autocéphales devenues indépendantes de Moscou dans la trajectoire de construction nationale. Moscou défend un limes orthodoxe conservateur. Que peut-on attendre d'une négociation dont l'une des parties nie votre existence nationale propre ?

Dans ces conditions, d'autres canaux, même ténus, entre dirigeants et entre diplomates sont indispensables. Il reste bien peu d'acteurs qui tentent de s'interposer comme médiateurs pour trouver les voies d'un règlement: le président français Emmanuel Macron, le chancelier allemand Egon Scholz, le président turc Recep Tayyip Erdoğan, et sans doute le Premier ministre israélien Naftali Bennett. Citons les efforts de la Turquie, puissance régionale qui a des intérêts autour de la mer Noire depuis des siècles, bien avant la Russie, et que nous devons aider à faire contrepoids. Il semble que des avancées sont en cours, en cette fin de mars.

Les relations diplomatiques entre Moscou et Washington n'ont pas été rompues, mais ce qui crée la différence entre les intérêts américains, éloignés du théâtre européen, et ceux des Européens est, une fois encore, la géographie; les derniers doivent s'impliquer et ne pas se contenter du seul parapluie américain. Il faut donc faire jouer divers niveaux de négociation.

En revanche, on peut s'étonner du refus de la direction chinoise de s'engager dans une médiation, en dépit de son influence. C'est qu'elle est sur une autre ligne: non pas gérer la crise, mais en tirer parti, comme c'est souvent le cas de nombreux pays. Et cela rappelle le ressentiment dont les Occidentaux font l'objet à travers le monde.

L'échelle mondiale du conflit

Le ressentiment du « Reste » contre l'« Ouest »

On a évoqué plus haut le ressentiment du peuple russe face à la perte de son statut de grande puissance. Mais cette mémoire aigrie de torts historiques subis se manifeste dans cette caisse de résonance qu'est l'assemblée générale des Nations unies lorsque trente-cinq pays s'abstiennent de condamner l'agression de la Russie – moins de 20 % des membres, certes, mais qui pèsent la moitié de la démographie mondiale (Chine, Inde, Pakistan, Iran, Irak, Afrique du Sud, et une quinzaine de pays du continent africain et du Moyen-Orient).

Même si une minorité de pays d'Amérique latine (Bolivie, Nicaragua, Cuba) s'est abstenue, l'opinion publique est fortement hostile aux États-Unis, à la fois terre promise pas assez ouverte aux migrants et toujours suspects d'impérialisme. Sur le continent africain, les anciens pays de la ligne de front (FLS) contre le régime d'apartheid, rejoints par la République d'Afrique du Sud, n'ont pas oublié le soutien de Moscou à la lutte de l'African National Congress de Nelson Mandela.

En Algérie, la Russie fournit des armes contre le Maroc, allié des Occidentaux, tandis que dans les pays du Sahel la propagande russe et les stages de formation militaire trouvent un fort écho contre la France, accusée de tous les maux, alors même que la colonisation s'est achevée il y a déjà plus de six décennies. On peut ajouter l'opportunisme des Émirats arabes unis, où Dubaï offre un havre aux oligarques russes sanctionnés.

L'Égypte, le Maghreb et le Levant devront bientôt faire face aux effets sociaux de la hausse des prix des céréales importées de Russie et bloquées en Ukraine. Et dans bien des pays, comme l'Éthiopie, le modèle chinois de développement économique, sans s'embarrasser d'élections et de conditionnalité des aides, fait école.

La Chine : avec la Russie dans un monde post-occidental

Il ne fait aucun doute que l'intervention militaire russe en Ukraine est analysée de près à Pékin, et sans être un expert en sinologie, on peut juger vraisemblable qu'un vif débat se déroule sur la conduite publique à tenir. Si certains peuvent y voir l'occasion pour la Chine de se poser en médiatrice, il semble que la ligne officielle soit, jusqu'à maintenant, de soutenir la politique du Kremlin : pas de condamnation à l'ONU, refus des sanctions, poursuite des échanges commerciaux, rappel d'une amitié éternelle.

Il reste que la Chine a mesuré les vulnérabilités d'une économie globalisée et dollarisée. Des sanctions américaines seraient immédiatement imposées en cas de soutien chinois à la Russie, soit par le contournement des sanctions occidentales, soit par une aide militaire, comme cela a été indiqué à Rome, le 14 mars 2022, par le conseiller national à la sécurité Jake Sullivan à son homologue chinois

Yang Jiechi, directeur de la Commission centrale des affaires étrangères du Parti communiste chinois et ancien ministre des Affaires étrangères. La Chine pourrait se voir privée, comme la Banque centrale de Russie, de l'accès à ses réserves en bons du Trésor libellés en dollars. De nouvelles sanctions pourraient tomber sur l'accès aux technologies occidentales (semiconducteurs) dont a absolument besoin l'usine du monde. La très forte interdépendance entre la Chine, les États-Unis et l'Union européenne est très différente de la situation de la Russie, qui pèse peu à l'échelle mondiale (ayant le PIB de l'Espagne).

Cette évaluation conforte donc l'objectif chinois d'autosuffisance et même d'autarcie, d'innovation indigène et d'intégration internationale sélective. La stratégie de circulation duale – distinguant l'économie interne et les échanges internationaux – annoncée en avril 2020 par le président Xi Jinping est une correction de trajectoire. Il s'agit de trouver un nouvel équilibre entre la sauvegarde de la sécurité nationale et le maintien d'une intégration économique dans le monde. Et les dirigeants chinois sont parfaitement conscients des forces et des faiblesses de leur économie. La pandémie et les strictes mesures de confinement ont déjà provoqué le retour de la majorité des expatriés occidentaux. Le président Xi Jinping cultivera la prudence jusqu'au XXe Congrès du Parti communiste chinois, qui devrait lui accorder un troisième mandat. La prise de contrôle direct de Taiwan attendra.

Un autre facteur essentiel de soutien à l'argumentaire russe est le refus des blocs militaires sous contrôle américain. L'extension de l'OTAN en Europe centrale est considérée, à Moscou et à Pékin, comme l'origine de la crise actuelle. Ce faisant, les dirigeants chinois ont bien entendu à l'esprit la stratégie dite « indo-pacifique » des États-Unis, qui vise à regrouper les pays alliés – Japon, Corée du Sud, Australie et Nouvelle-Zélande, Singapour et Malaisie – ainsi que l'Inde dans une coalition destinée à contenir les ambitions régionales chinoises.

On peut douter que l'Inde, non alignée et toujours proche de la Russie en matière d'armements, soit encore la plus grande démocratie du monde dès lors qu'elle est dirigée par une force politique nationaliste et hindouiste. On peut craindre également que la question de l'armement nucléaire ne revienne dans le débat au Japon dès lors que Moscou a profité de l'abandon volontaire et du transfert vers la Russie de son arsenal en 1994 – avec la signature du fameux mémorandum de Budapest – en échange du respect par Moscou de son intégrité territoriale. L'opinion publique japonaise reste profondément pacifiste.

Comme la pandémie, la guerre menée par la Russie en Ukraine provoque une accélération de tendances préexistantes et exprime un durcissement des relations internationales. Souveraineté, réarmement, autarcie, deviennent les mots-clés. Mais n'avait-on pas trop spéculé sur le rôle régulateur des forces du marché ?

Ce retour du politique dans tous les domaines de nos démocraties libérales est une bonne nouvelle, qu'il convient aux démocraties de maîtriser afin que les régimes autocratiques ne gagnent pas en audience intérieure et en influence extérieure.

Les Russes
ne lâcheront jamais
leur pression
sur l'Ukraine

16 avril 2014[1]

---

1. *Le 1* n° 2, « Poutine, cet homme que nous aimons tant haïr ».

En ramenant la Crimée dans le giron de la Russie, quel dessein Poutine poursuit-il?

Poutine estime que la nation russe est « la plus dispersée du monde ». Son défi est de construire un État national russe, de conception ethnique. Le nationalisme grand-russien contemporain est un projet géopolitique de rassemblement des populations russes, russophones et assimilées dans une Fédération de Russie aux frontières unilatéralement étendues. Avec ses 17 millions de kilomètres carrés, ses neuf fuseaux horaires (Medvedev en a supprimé deux en 2009), cette entité constitue un territoire immense, difficilement gouvernable, aux frontières considérées comme non définitives.

La ligne actuelle des dirigeants russes est de ne renoncer ni à l'Empire ni au projet grand-russien. Ne plus contrôler l'Ukraine serait pour Moscou devenir un État-nation « normal ». Comme le pense l'Américain Zbigniew Brzeziński, ancien conseiller à la sécurité nationale, le jour où la Russie acceptera l'indépendance définitive de l'Ukraine, elle ne sera plus un empire. Poutine a deux fers au feu : le nationalisme grand-russien concernant l'Ukraine, et l'exercice d'une influence à travers l'Union eurasiatique. Par le jeu des frontières (annexions, sécessions), le Kremlin exerce des pressions sur les États tentés par l'intégration européenne (Moldavie, Géorgie) ou même par une simple association (Ukraine, Arménie). J'ajoute que les frontières de l'Ukraine ont été remaniées à trois reprises en moins d'un siècle : les régions minières du Donbass, sous contrôle des bolcheviks, ont été greffées à l'Ukraine en 1922, par Staline, pour contrebalancer le pouvoir des paysans rétifs à la collectivisation. La reconstruction d'après-guerre des chantiers du Don a été réalisée par des prisonniers condamnés au travail forcé, ramenés des camps du Goulag. Leurs descendants sont donc des russophones. Enfin, la Crimée avait été offerte à l'Ukraine en 1954 par Khrouchtchev.

Pour justifier son action en Crimée, Poutine a précisément entretenu une certaine confusion entre Russes et russophones.

La langue russe distingue entre *Rousski*, Russes au sens ethnique et ayant le russe comme langue maternelle, et *Rossiiskii*, citoyens de la Fédération de Russie (qui comporte 20 % de non-Russes au sens ethnique). Un flou est entretenu entre Russes ethniques et russophones (qui ne sont pas tous citoyens russes, comme les Kazakhs), entre concitoyens et compatriotes. Selon une loi votée sous Eltsine, leur protection peut justifier une intervention armée si Moscou juge qu'ils sont menacés.

Fondé sur une conception ethnique de la nation, le projet de nationalisme grand-russien, dont l'annexion de la Crimée est une étape, vise à rassembler les terres « russes », selon la politique des nationalités du XIXᵉ siècle. C'est comme si les Helvètes francophones étaient, vus de Paris, des ressortissants français. Moscou entend donc exercer un droit de regard sur les États de l'étranger proche où résident des « Russes » : la Biélorussie, le Caucase, voire le Kazakhstan. Une chose est certaine : les Russes ne lâcheront jamais leur pression sur l'Ukraine.

Quel genre de pression ?

Laisser croire que c'est un État failli, que ses ressortissants sont corrompus. Pour y parvenir, ils façonnent l'opinion des habitants de la Fédération de Russie et celle des journalistes occidentaux. Ils utilisent la télévison Russia Today, la radio La Voix de la Russie, qui émet en trente-huit langues, ou encore Ria Novosti, l'agence russe d'information qui publie en neuf langues. C'est ce qu'on appelait autrefois la propagande. Les structures ne changent pas. Elles sont repeintes aux couleurs de CNN ou de la BBC. Entretenir une mauvaise image, faire du *nation branding* à l'envers, c'est redoutable. Ce ne sont pas les Ukrainiens qui parlent de l'Ukraine.

En quoi la crise ukrainienne est-elle la poursuite de la Seconde Guerre mondiale ?

Par le narratif. À Moscou, l'annexion de la Crimée est présentée comme une nouvelle victoire contre le fascisme. Sous-entendu : les gens de Kyïv sont des fascistes. Quand on traite de fasciste un Russe en 2014, cela évoque la grande victoire patriotique de Moscou contre les nazis. La fierté russe, ce n'est pas le bolchevisme, ni Staline, ni l'URSS. C'est cette victoire, l'unité d'un peuple, ses vingt millions de morts. Cette représentation historique est mobilisatrice et efficace. Elle est d'une grande actualité en Ukraine, qui fut un champ de bataille. Cette région était divisée, comme le furent les pays annexés par l'URSS dans le cadre du pacte germano-soviétique (1939).

On oublie, en France, que les familles se sont déchirées entre les partisans de l'Armée rouge et tous les peuples minoritaires maltraités par Moscou, qui avaient fait alliance avec l'Allemagne en échange d'une promesse d'indépendance, bien sûr non tenue. Le 9 mai prochain, des incidents pourraient éclater lors des commémorations de cette victoire. On y voit toujours d'un côté les anciens combattants et les *babouchkas*, de l'autre les nationalistes qui ont lutté avec les armes de la Wehrmacht – tels les légionnaires lettons. Pour eux, cette célébration garde un goût amer. Les Tatars de Crimée ont aussi collaboré avec les Allemands, car c'était, à leurs yeux, l'occasion de se débarrasser de Staline. D'où les déportations après-guerre.

Quel rôle joue l'Église orthodoxe dans la nouvelle donne en cours ?

Le Patriarcat de Moscou exerce une juridiction qui coïncide avec l'ancien empire russo-soviétique. Il veille à contenir les volontés d'émancipation et de créations d'Églises nationales. En Ukraine, le métropolite Vladimir, connu pour sa sympathie européenne, a été écarté en février par le Saint-Synode au profit du métropolite Agathange d'Odessa. Ce dernier refuse d'accorder à l'Église d'Ukraine une trop forte autonomie à l'égard du patriarche de Moscou, Cyrille Ier.

Poutine était-il en droit de modifier les frontières et de s'arroger la Crimée ?

Poutine considère que les frontières de la Fédération sont flexibles. Au moment de la dissolution de l'URSS, en 1991, décidée dans une datcha de la forêt près de Minsk, le président russe Boris Eltsine et son homologue ukrainien se sont affrontés sur le sort de l'Ukraine, de la Crimée et de Sébastopol. L'Ukraine avait alors une carte en main pour négocier son intégrité territoriale : les six cents têtes nucléaires installées sur son sol, même si le bouton était à Moscou. L'intégrité territoriale fut confirmée en 1994, puis en 2007. À ce droit s'est opposée l'affirmation du droit historique. La Crimée, peuplée de Tatars depuis le XIIIe siècle, est devenue une terre russe à la fin du XVIIIe siècle.

La question est de savoir quelle tranche de l'histoire sert de référence. Entre le droit international et les droits historiques, c'est le rapport de force qui tranche. Poutine prétend que l'autodissolution de l'URSS en 1991 n'a pas été conduite dans les formes légales. Il campe sur une ligne de révisionnisme juridique.

Quels arguments précis fait valoir Poutine ?

La diplomatie russe a paré l'intervention en Crimée d'un argumentaire légaliste, décliné en trois volets : invitation à intervenir, protection à la suite de menaces contre les résidents russes de Crimée, invocation du droit des peuples à disposer d'eux-mêmes. Aucun de ces schémas n'était recevable. L'intention géopolitique de Moscou est bien d'exercer une pression sur le pouvoir ukrainien, selon la méthode du « conflit gelé », qui sert à maintenir une pression sur les « marches ». Une tactique éprouvée en Moldavie et dans le Caucase. Dans le meilleur des cas, Poutine veut obtenir des Occidentaux un engagement écrit sur la neutralité stratégique de l'Ukraine. Il veut aussi obtenir de Kyïv une fédéralisation poussée en faveur de l'Est russophone.

C'est extraordinaire de penser fixer de l'extérieur la structure d'un État. On l'a fait avec l'Allemagne en 1945. Poutine reprend cette idée car il a une culture allemande. Sa logique est celle de l'unification dont il a été témoin quand il était en poste pour le KGB à Dresde. Il a observé cette dynamique d'unification des composants d'un même peuple dans un projet national qui aboutit. L'opération a été facile en Crimée. Si cela doit arriver en Ukraine, ce sera dans la violence. À ce stade, je crois qu'on peut concéder aux Russes la neutralisation stratégique de l'Ukraine, sur le modèle de l'Autriche en 1955.

Poutine garde-t-il des marges de manœuvre ?

On a besoin des Russes en Syrie et en Iran. Ils ont besoin de nous pour combattre le fléau de la drogue afghane en

Sibérie. La Russie est dans l'économie de marché. En trois mois, 70 milliards de dollars sont sortis du pays, en plus des 63 milliards de dollars en 2013. Le rouble a baissé. Le patron de la Sberbank a annoncé qu'à 100 milliards, la Russie entrerait en récession. Les réalités sont là. Les dirigeants russes sont pragmatiques. Aujourd'hui, à la différence de 1956 ou de 1968, ils mesurent mieux le poids des contraintes : ils sont insérés dans une économie globale. Les investisseurs n'aiment pas l'imprévisibilité. La Russie tient à sa réputation. Les fonds d'investissements américains, qui ont parié sur les grandes compagnies énergétiques russes, vont réviser leurs plans d'investissements si les agences de notation dégradent la note de Moscou. Or, c'est ce qui va arriver.

Le rêve grand-russien est plus qu'une volonté de propagande au sens strict, il s'agit pour le Kremlin de réaliser une double ambition : entretenir et propager la langue russe ; détruire la mauvaise réputation de la Russie en s'efforçant de maîtriser son image extérieure. À travers ses « maisons de la Russie » (l'Ukraine est le pays qui en compte le plus), ses instituts de coopération, ses agences de presse, ses radios et télévisions, Moscou exerce ce qu'il appelle lui-même son *soft power*, une expression que l'on pourrait traduire par « armes de puissance culturelle ». Les Chinois parlent, eux, de « puissance souple ».

En exerçant ce pouvoir, Vladimir Poutine poursuit son dessein de rassembler à l'intérieur d'un même ensemble la nation russe et les populations non russes vivant en dehors de la Fédération mais ayant le russe comme langue maternelle. Dans sa conception ethnique de la nation, le président, entretenant sciemment la confusion entre les deux notions, considère qu'un russophone est un russe. Les frontières du Patriarcat reflètent fidèlement le rêve « grand-russien » de Poutine : retrouver les contours de la « Sainte Russie », le russe étant la langue et le ciment de la religion et du peuple. Les statistiques officielles sur les régions à forte et faible population russophone ne sont guère fiables, le pouvoir russe ayant tendance à gonfler le nombre de russophones dans les États limitrophes afin de mieux justifier ses interventions ou ses entreprises de déstabilisation.

De fait, les russophones sont très présents dans l'est de l'Ukraine, de la Lettonie, de l'Estonie, dans le nord du Kazakhstan, dans une partie de la Géorgie et de la Transnistrie. La prudence s'impose dans la représentation cartographiée de ces populations : depuis l'ère Eltsine, Moscou tente d'instrumentaliser les cartes en y projetant sa vision de puissance impériale.

Le *soft power* russe s'appuie encore sur l'agence d'information multilingue Ria Novosti (réorganisée avec l'aide d'une agence de communication américaine), l'internet russe ru.net, les réseaux « d'amis de la Russie », le sport (jeux Olympiques de Sotchi en 2014, Coupe du monde de football en 2018), les multiples colloques et séminaires organisés sur le modèle américain par des *think tanks*. La Russie tire parti de son « appartenance » au groupe des fameux BRICS (Brésil, Russie, Inde, Chine, Afrique du Sud), qui ont marqué

leur soutien à la Russie, écartée du G8 de
La Haye, le 24 mars, en refusant qu'elle
soit exclue du prochain sommet du G20
de Brisbane en novembre.

Propos recueillis
par Éric Fottorino.

Annexes

L'Ukraine doit être un État neutre entre l'UE et la Russie

20 décembre 2013[1]

Les luttes qui se déroulent en Ukraine rappellent que le projet européen reste attractif, car porteur de l'espoir d'une émancipation, même si cet élan n'est pas partagé par toutes les composantes d'une nation divisée dans un État récent. Le recours à des manifestations publiques est le symptôme d'une européanisation en marche, par le bas.

---

1. Michel Foucher, tribune publiée dans *Le Monde*.

L'impasse constatée lors du sommet de Vilnius, les 28 et 29 novembre, montre que l'Europe instituée sous la forme d'Union n'a pas d'offre politique d'européanisation par le haut qui soit adaptée aux réalités complexes de ses périphéries. Elle ne dispose que de deux outils : l'élargissement et la politique dite de voisinage sur ses marges orientales, laquelle est comprise par la moitié des États-membres comme l'antichambre de l'UE. Parce qu'elle est incertaine, faute de délimitation évidente sur son versant oriental, la question des frontières ultimes de l'Union européenne est constitutive de son identité : l'indétermination est une chance, car il revient aux Européens de décider de leur géographie. C'est le cas dans l'isthme Baltique-mer Noire. Les Européens sont divisés face à la Russie, dont Bronisław Geremek (1932-2008), historien et homme politique polonais, disait qu'elle était « quelque chose d'autre, un empire ». Pour les uns, cet isthme doit être géré par un « partenariat oriental » (2009), habillage institutionnel d'un objectif de glacis, faute d'avoir pu étendre le périmètre de l'OTAN à l'Ukraine et à la Géorgie lors du sommet de Bucarest (2008). Pour les autres, la politique de voisinage n'induit pas l'adhésion, mais ils n'ont pas d'autre solution à proposer.

Pour sortir du tout ou rien de la politique d'adhésion, il serait judicieux de bâtir une stratégie propre de l'UE vis-à-vis du reste du continent. C'est l'une des questions de la géopolitique européenne, avec les politiques en direction des États riverains de la Méditerranée et de l'Afrique. L'action de Bruxelles dans ses périphéries est observée à Washington et à Pékin, qui avance ses pions dans les confins de l'UE.

C'est donc le défi des marges qui interpelle le centre occidental : « Penser l'Europe, c'est comme dessiner une carte : on commence par les contours. C'est aux confins de l'Europe qu'il y a de la tension : c'est là que la main tremble, c'est là qu'on se corrige tout le temps », dit le poète biélorusse Adam Globus. Penser les marges, c'est considérer d'abord les intérêts européens, qui sont, dans l'aire géopolitique concernée, de transformer l'interdépendance économique entre UE et Russie en vecteur de construction d'un nouveau concert européen. Celui-ci n'est pas compatible avec le vieux principe des sphères d'influence. La Russie a des intérêts légitimes, et d'autres, fondés sur une carte mentale archaïque, qui le sont moins. Fixer des limites, qui impliquent que l'autre existe ; refuser les bornes, qui le dénient. Il y a là un vaste domaine de négociation avec Moscou, sur des termes de référence nouveaux.

Il conviendrait donc de dissocier une fois pour toutes la politique extérieure de l'UE dans cette partie du continent des ambitions géographiques de l'OTAN, en quête d'une nouvelle raison d'être. Un statut de neutralité, inspiré de celui qui a présidé, avec succès, à la gestion des marges de l'Europe en Finlande ou en Autriche, serait adapté à la situation géostratégique ukrainienne. Rappelons que la reconnaissance de l'indépendance ukrainienne par la France et ses alliés en 1991 fut assortie d'une condition de complète dénucléarisation. Ce statut original, adapté à la réalité d'un entre-deux, répondrait aux inquiétudes sécuritaires des uns et des autres, sans incidence sur l'avenir démocratique d'un État comme l'Ukraine, ainsi qu'en témoigne le précédent finlandais.

La Commission et le Conseil devraient imaginer un statut d'État associé pour les États situés à l'est et au sud-est (Turquie incluse), une relation contractuelle inscrite dans un traité portant sur des secteurs concrets d'intérêt commun. Il servirait de cadre à des politiques d'européanisation. Bref, répondre à des demandes concrètes et agir en fonction d'intérêts mutuels, et non pas rédiger un accord d'association standard en coupé-collé. Cette formule serait adaptée à des sociétés à identités multiples qui ne seraient pas sommées de trancher mais plutôt conviées à imaginer une synthèse originale. Le sentiment européen procède d'un lent mouvement d'européanisation ; il dessine sur la carte des courbes de niveau plus que des frontières. Il s'agit

moins de gérer des espaces que d'accom-
pagner la longue durée de la transforma-
tion démocratique.

Chronologie de l'Ukraine indépendante

1991 : dissolution de l'Union des républiques socialistes soviétiques (URSS) par traité entre la Russie, l'Ukraine et la Biélorussie.

1994 : mémorandum de Budapest ; l'Ukraine transfère ses armes nucléaires entre échange du « respect de l'indépendance, de la souveraineté et des frontières existantes » par la Russie.

2008 : sommet de l'OTAN à Bucarest ; politique de la « porte ouverte » en direction de l'Ukraine, de la Géorgie et de la Moldavie. Intervention militaire russe en Géorgie.

2014 : révolution de la place Maïdan (Kyïv) ; elle met fin au gouvernement de Victor Ianoukovytch, qui avait inscrit dans la Constitution trois points importants pour la Russie : neutralité, location de Sébastopol en longue durée, statut officiel de la langue russe comme langue régionale. Cette dernière disposition est annulée par la Rada (Parlement). Le gouvernement intérimaire signe un accord de libre-échange avec l'Union européenne. Annexion de la péninsule de Crimée par la Russie et séparation de deux oblasts (Donetsk et Louhansk), au prix de treize mille morts du côté ukrainien. Formation d'une ligne de front.

2014-2015 : accords de cessez-le-feu entre la Russie, l'Ukraine, l'Allemagne et la France signés à Minsk.

2019 : élection de Volodymyr Zelensky sur la promesse de réintégration du Donbass.

2021 : texte de Vladimir Poutine « Sur l'unité historique des Russes et des

Ukrainiens ». Vu de Moscou, les Russes, les Biélorusses et les Ukrainiens forment un seul peuple. La dislocation de l'Union soviétique, en 1991, est toujours vécue comme une catastrophe géopolitique parce que le monde russe a été séparé. Le texte est distribué à tous les soldats.

Ultimatum aux Occidentaux : exigences d'arrêt de l'expansion de l'OTAN, neutralité de l'Ukraine, garanties de sécurité et retrait des troupes de l'OTAN de tous les pays qui l'ont rejointe depuis 1997.

Janvier 2022 : manœuvres militaires terrestres et navales d'encerclement de l'Ukraine.

24 février : agression militaire russe contre Kyïv, Kharkiv, Kherson, Marioupol et le Donbass.

Juin : Les forces russes occupent le cinquième du territoire ukrainien, à l'est et sur le littoral de la mer d'Azov. Odessa et la côte de la mer Noire peuvent être les prochaines cibles d'une guerre prolongée.

MICHEL FOUCHER

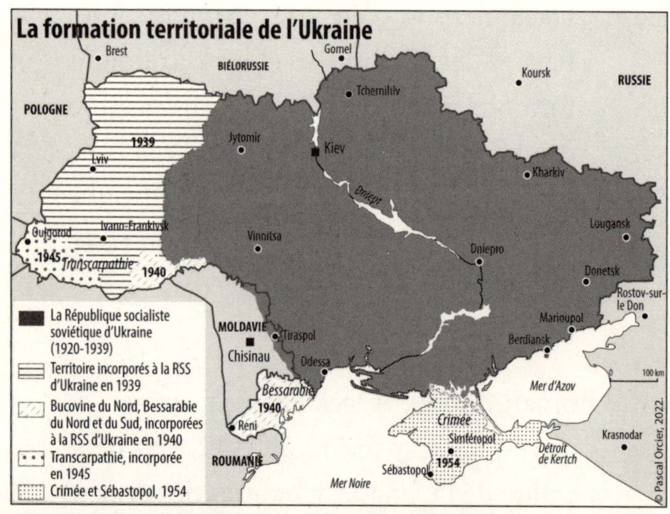

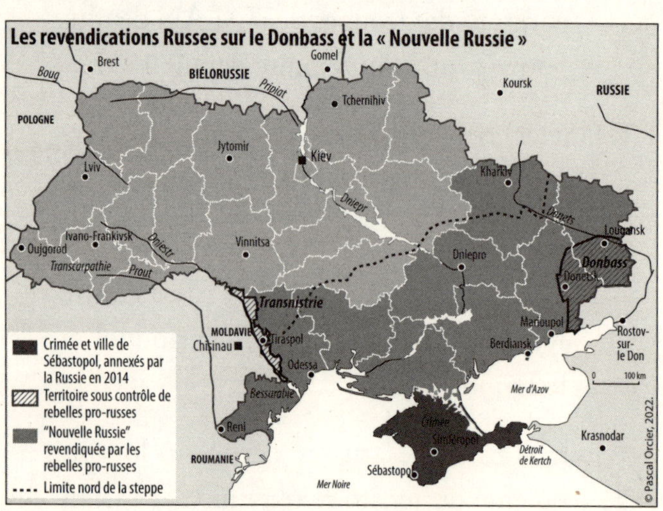

Cartographie :
conception Michel Foucher,
réalisation Pascal Orcier.

Bibliographie

FOUCHER, Michel. *Fragments d'Europe. Atlas de l'Europe médiane*. Paris : Fayard, 1993 ; rééd. 1998.

—. *Ukraine-Russie, la carte mentale du duel.* Paris : Gallimard, Tract n° 39, 2022.

GOUJON, Alexandra. *L'Ukraine de l'indépendance à la guerre*. Paris : Le Cavalier bleu, 2022.

KAPPELER, Andreas. *Petite histoire de l'Ukraine.* Paris : Institut d'études slaves, 1997.

LEPESANT, Gilles (dir.). *L'Ukraine dans la nouvelle Europe*. Paris : CNRS Éditions, 2005.

POTEL, Jean-Yves, FOUCHER, Michel (dir.). *Le continent retrouvé.* La Tour d'Aigues : l'Aube, 1993.

SNYDER, Timothy. *La reconstruction des nations : Pologne, Ukraine, Lituanie, Bélarus, 1559-1999*. Paris : Gallimard, 2017.

Table des matières

Avant-propos 11

Poutine a toutes les cartes en main... 17
Les Ukrainiens s'émancipent
      dans le sang et la douleur............. 31
L'Europe géopolitique est née,
      en réponse
      à l'agression du Kremlin............... 45
Une Russie isolée
      dans sa fuite en arrière 61
Négocier sans capituler :
      l'impossible équation ?................. 73
Les échelles du conflit : pre-
      miers retours d'expérience........... 85

Les Russes ne lâcheront jamais
leur pression sur l'Ukraine............ 107

Annexes 123
L'Ukraine doit être un État neutre
entre l'UE et la Russie 125
Chronologie de l'Ukraine
indépendante 131

Bibliographie.............................. 135

Dans la même collection

Leïla Slimani, *Le diable est dans les détails*
Macron par Macron
Michel Onfray, *La parole au peuple*
Tahar Ben Jelloun, *Un pays sur les nerfs*
Nancy Huston, *Naissance d'une jungle*
Leïla Slimani, *Simone Veil, mon héroïne*,
     illustrations de Pascal Lemaître
Edgar Morin, *Où est passé le peuple de gauche ?*
Irène Frain, *Une certaine idée du bonheur*
Leïla Slimani, *Comment j'écris*
Erik Orsenna, *Les vérités fragiles*
Collectif, *Philip Roth, l'œil de l'Amérique*
Nicolas Hulot, *Ne plus me mentir*
Collectif, *Karl Marx, regards croisés*
Collectif, *Simone de Beauvoir, les clefs de la liberté*
Robert Solé, *L'envers des mots*
Dany Laferrière, *Vers d'autres rives*
Louis Chevaillier, *La voix du poète. Une antho-
     logie pour comprendre l'actualité*, illustrations
     de Pascal Lemaître
Collectif, *Romain Gary, le visionnaire*

Régis Debray, *Notre ADN culturel*
Collectif, *De Gaulle, cinquante ans après*
Daniel Cohen, *Contre la solitude sociale*
Éric Fottorino, *La presse est un combat de rue*
Philippe Claudel, *Un monde de fous!*
Adèle Van Reeth, *Vivre et revivre encore*
Arnauld Miguet, *133 jours à Wuhan avec un chien,
    un chat et la peur au ventre*
Cynthia Fleury, Mona Ozouf, Michelle Perrot,
    Liberté, Égalité, Fraternité
Lola Lafon, *Le loup, l'épée et les étoiles*
Jean Viard, *La France telle que je la connais*
Christophe André, *S'écarter et savourer*

Pour limiter l'empreinte environnementale
de leurs livres, les éditions de l'Aube
font le choix de papiers issus de forêts durablement
gérées et de sources contrôlées.

Achevé d'imprimer en juillet 2022
sur les presses de l'imprimerie New Print
pour le compte des éditions de l'Aube
331, rue Amédée-Giniès, F-84240 La Tour d'Aigues

Numéro d'édition : 5162
Dépôt légal : août 2022

Imprimé dans l'Union européenne